Apprendre à lire avant 6 ans, …et après !

Lecture
Syllabes et mots

Apprendre à lire avant 6 ans, ...et après !

Apprendre à lire avant 6 ans, …et après !

Lecture

Syllabes et mots.

Par

Slimane Ait Slimane

Apprendre à lire avant 6 ans, ...et après !

Loi n°49-956 du 16 juillet 1949 sur les publications destinées à la jeunesse

© 2025, Slimane Ait Slimane

Édition : BoD · Books on Demand, 31 avenue Saint-Rémy, 57600 Forbach, bod@bod.fr

Impression : Libri Plureos GmbH, Friedensallee 273, 22763 Hamburg (Allemagne)

ISBN : 978-2-3225-5779-0

Dépôt légal : Février 2025

Préambule

Je dédie ce manuel à ma fille pour qui je l'avais conçu. Quand elle venait de finir d'apprendre l'alphabet, elle avait moins de deux ans. Je cherchais alors des livres permettant d'apprendre les syllabes et leur enchainement. J'ai constaté un vide désespérant dans les étalages, des moyennes et grandes enseignes, spécialisées ou non, pour répondre aux besoins d'un enfant de moins de 5 ans.

Il y a des livres pour apprendre à nommer des objets. Des mots écrits sous les images, mais rien n'oblige l'enfant à lire. La présence d'un adulte est ainsi toujours indispensable.

J'ai réfléchi à une pédagogie qui rende l'enfant plus autonome, tout en préservant la part de plaisir, qui stimule l'apprenant à demander plus de travail.

J'ai commencé l'expérience avec elle. Chaque jour elle associe 15 mots aux images correspondantes. Elle nomme d'abord les images. Quand elle se trompe, je corrige sans insister, cela n'est pas l'objectif. Je lui demande d'écrire les lettres ou les consonnes du mot, en dessous de l'image, où un espace est prévu pour, sans chercher la rigueur. Cela l'aide à mieux visualiser le mot. Elle regarde ensuite la liste en dessous des images. Quand elle dit *j'ai trouvé*, sans que je vérifie, elle lit les lettres. C'est souvent correct. Il lui arrive de se tromper. Elle le réalise aussi tôt que la relecture est faite. Je lui suggère alors de chercher encore. A la bonne réponse, je lui propose de relier le mot à l'image.

En fonction de son niveau, l'enfant, peut partir d'une image pour chercher le mot correspondant, ou cheminer inversement. Il m'arrive de lui demander d'essayer de lire d'abord les mots avant de regarder les images, mais cela la rend moins autonome, et l'aspect ludique est moins ressenti. C'est un choix pédagogique dont il faut contrôler le dosage, au début notamment.

Chaque série de 5 images est indépendante du reste. Il n'est pas nécessaire de finir un exercice pour en aborder un autre. L'enfant peut débuter avec l'aide d'un adulte, avant de gagner en assurance, et de poursuivre en totale autonomie.

Elle est à l'heure qu'il est à mi chemin dans le manuel. Il lui arrive de commettre une erreur par page, quand elle est seule. Elle est enthousiaste à chaque à nouvelle série d'exercices. Son aisance en lecture est aujourd'hui nettement au dessus de son âge.

Alphabet : A, B, C, D, E, F, G, H, I, J, K, L, M, N, O, P, Q, R, S, T, U, V, W, X, Y, Z

Les consonnes : B, C, D, F, G, H, J, K, L, M, N, P, Q, R, S, T, V, W, X, Z

Les voyelles : A, E, I, O, U, Y

Les syllabes simples :

Voyelle A :

BA, CA, DA, FA, GA, HA, JA, KA, LA, MA, NA, PA, QA, RA, SA, TA, VA, WA, XA, ZA

Voyelle E :

BE, CE, DE, FE, GE, HE, JE, KE, LE, ME, NE, PE, QE, RE, SE, TE, VE, WE, XE, ZE

Voyelle I :

BI, CI, DI, FI, GI, HI, JI, KI, LI, MI, NI, PI, QI, RI, SI, TI, VI, WI, XI, ZI

Voyelle O :

BO, CO, DO, FO, GO, HO, JO, KO, LO, MO, NO, PO, QO, RO, SO, TO, VO, WO, XO, ZO

Voyelle U :

BU, CU, DU, FU, GU, HU, JU, KU, LU, MU, NU, PU, QU, RU, SU, TU, VU, WU, XU, ZU

Voyelle Y :

BY, CY, DY, FY, GY, HY, JY, KY, LY, MY, NY, PY, QY, RY, SY, TY, VY, WY, XY, ZY.

Apprendre à lire avant 6 ans, …et après !

Minuscule **Majuscule**

g • A
h • B
f • C
j • D
i • E
a • F
b • G
k • H
l • I
c • J
q • K
r • L
d • M
e • N
m • O
n • P
s • Q
v • R
t • S
o • T
p • U
x • V
y • W
z • X
u • Y
w • Z

Apprendre à lire avant 6 ans, …et après !

Prononciations diverses

OI = WA = OUA : Oiseau, Oie, Soir, Bois, Wagon, Wallonie, Gouache, Clouage.

CH : Chat, Chocolat, Chemin, Chaton, Chapeau

EAU = AU = O : Eau, Bateau, Bureau, Chapeau,

AN = EN = ON = OM = UM = AM : Ambulance,

AN : Dans, Flan, blanc,   EN : Trente, Content, Tente, Menthe,

ON : Bonbon, Klaxon, Carton, Citron, Crayon, Donner,

IER = YÉ = iller : Travailler, Tailler, Cailler

IA = YA = ILLA : Paillasson, outillage, habillage

IO = YO = ILLO : Lion, Yoyo, Papillon

OU : Soupe, Doudoune, Ours

UI : Je suis, Bruit, Cuir,

OUI : Louise,

UN = IN = UM = IM : Jardin, Parfum, Printemps

PH = F : Téléphone, Smartphone, Phalange, Christophe, Taxiphone,

GA : Garçon, Gamelle, Gare, Galette, Gâteaux

G = J : Garage, fromage, partage,

EIN = IN = UN = UM = AIN : Peinture, Ceinture, Teinture, Jardin, Parfum, Parpaing

S = C : CINEMA,

S = Z : Valise, Plaisir.

C = K : Carton, Cotton, Bascule,

ET = ER = AI = É : Clé, Chanter, Tabouret, Balai

Ph = F : Téléphone, Phénix, Alphabet.

Nia = Gna : Maniaque, Campagnard, maniement, accompagnement, ognon,

Apprendre à lire avant 6 ans, …et après !

Télésiège   **Téléphone**   **Téléspectateur**   **Téléviseur**   **Télescope**

TOIT   **BOIS**   **OIE**   **VOITURE**   **ROI**

Train   **Trottinette**   **Tracteur**   **Toboggan**   **Tramway**

Apprendre à lire avant 6 ans, …et après !

Garçon   **Gamelle**   **Gâteaux**   **Galette**   **Gare**

Chocolat   **Chemin**   **Chat**   **Chaton**   **Chapeau**

Soupe   **Doudoune**   **Ours**   **Douche**   **Toupie**

Bonbon   **Klaxon**   **Carton**   **Chanson**   **Crayon**

Aquarium   **Arrosoir**   **Etoile**   **Eponge**   **Zèbre**

Lunette   **Fourchette**   **Vélo**   **Livre**   **Château**

Apprendre à lire avant 6 ans, …et après !

  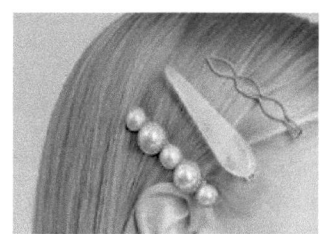  

Bougie **Barrette** **Ballon** **Bouquin** **Bavette** **Balai**

Guitare **Guirlande** **Guimauve** **Guépard** **Garçon** **Glaces**

Manège **Maison** **Manga** **Mandarine** **Marmelade** **Mandela**

Apprendre à lire avant 6 ans, ...et après !

Tractopelle   Tabouret   Tortue   Torchon   Table   Tablette   Talus

Vache   Vapeur   Vipère   Voyant   Ventouse   Vacances   Vanille

Pendule   Piscine   Pizza   Pomme   Poisson   Parapluie   Poupée

Apprendre à lire avant 6 ans, …et après !

Dindon   **Domino**   **Drap**   **Dattes**   **Dactylo**   **Dalle**

Bateau   **Bascule**   **Bête**   **Balançoire**   **Bâtiment**   **Baraque**

Girafe   **Gymnastique**   **Gaufre**   **Golf**   **Goutte**   **Grenadier**

Apprendre à lire avant 6 ans, …et après !

MATELAS   MOTO   MANTEAU   MAILLOT   MALETTE   MONTAGNE

COCHON   CROCODILE   CRABE   CANARD   CAILLE   CASTOR

KARATE   CARTABLE   CARTE   CASQUETTE   CADEAU   CABLE

Apprendre à lire avant 6 ans, …et après !

  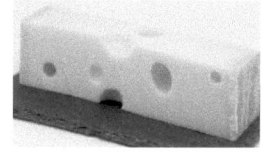 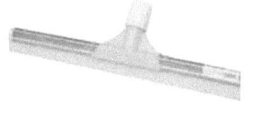 

Feuille   Frites   Flèche   Frottoir   Trottoir   Fromage

Brique   Barque   Balle   Malle   Pelle   Echelle

Corde   Casque   Crème   Crinière   Criquet   Commode

Apprendre à lire avant 6 ans, …et après !

   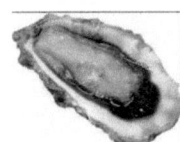 

Hélicoptère   Huitre   Hache   Hotte   Hayon   Hameau   Homme

Jardin   Javelot   Jupe   Jungle   Jumelles   Jet d'eau   Jouet

 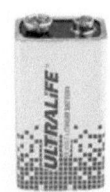    

Biscuit   Biberon   Batterie   Baguette   Bretelles   Banane   Bouée

Apprendre à lire avant 6 ans, ...et après !

Dumper   Docteur   Dame   Drapeau   Dé   Dague   Danse

Coccinelle   Cravate   Kiwi   Concombre   Carotte   Ceinture   Champignon

Pantalon   Pastèque   Poussin   Parasol   Planche   Palmier   Piano

Apprendre à lire avant 6 ans, …et après !

Gorille   Gants   Garage   Grenouille   Globe   Gobelet

 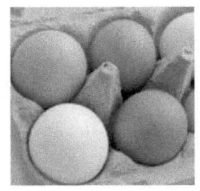   

Aviron   Orange   Héron   Avion   Aubergine   Œufs   Hélice

Savon   Soleil   Cyclistes   Saturne   Satellite   Souris

Apprendre à lire avant 6 ans, …et après !

Visseuse   Venus   Volet   Vautour   Volant   Vachette

    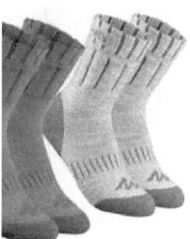

Chaussette   Chaussure   Charrette   Chèvre   Sachet   Chargeur

  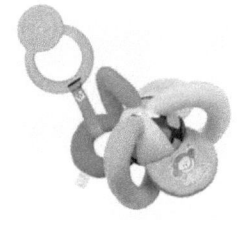  

Hochet   Xylophone   Hoquet   Yo-yo   Housse   Hachette

Apprendre à lire avant 6 ans, …et après !

  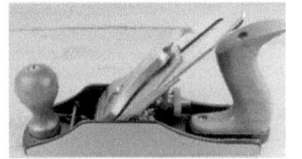 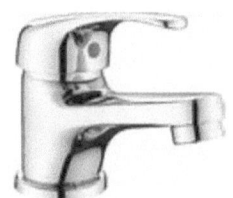 

Robot   Robinet   Robe   Rambo   Rimbaud   Rabot

    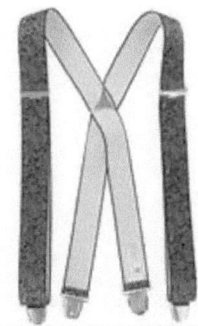

Brouette Braquet Branche Bretelle Bras Brouillard Bracelet

 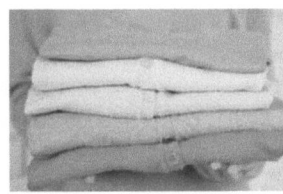   

Liasse   Lion   Lièvre   Lionceau   Liège   Linge   Lessive

Apprendre à lire avant 6 ans, ...et après !

Incendie   **Indication**   **Insigne**   **Imprimante**   **Ingénieur**   **Internet**

Falaise   **Fraise**   **Framboise**   **Friandise**   **Fraiseuse**   **Forêt**

Neige   **Notice**   **Nomade**   **Niveau**   **Nourriture**   **Nacelle**

Apprendre à lire avant 6 ans, ...et après !

Raisin   Râteau   Rouleau   Réfrigérateur   Route   Requin

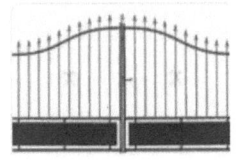    

Parachute   Pneu   Portail   Piste   Papillon   Pâtisserie

  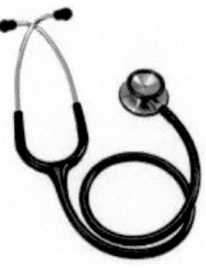  

Salade   Stéthoscope   Spatule   Sapin   Saxophone   Souris

Apprendre à lire avant 6 ans, ...et après !

Lait Lampe Lune Légumes Luge Lapin

  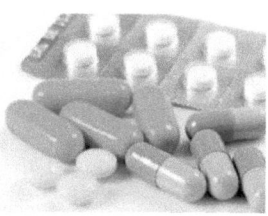  

Maçon Médicament Magicien Moulin Médaille Moissonneuse

Chariot Camion Chanteuse Clown Chapiteau Cerceaux

Apprendre à lire avant 6 ans, …et après !

Terre   Trophée   Toucan   Tableau   Tablier   Taxi

  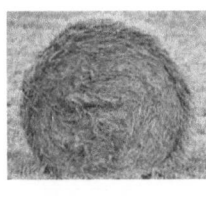  

Fusée   Fourche   Fauteuil   Faisan   Fenêtre   Foin

Huile   Horloge   Hérisson   Hamac   Hôtesse   Horoscope

Apprendre à lire avant 6 ans, …et après !

 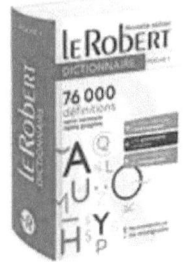   

Dépanneur   Dauphin   Dortoir   Dragon   Dressoir   Dictionnaire

Violon   Violoncelle   Vase   Veste   Voilier   Vaisselle

 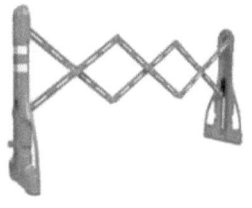 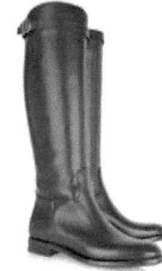  

Batteur   Botte   Baignoire   Barrière   Broussaille   Boussole

Apprendre à lire avant 6 ans, …et après !

Algues   Aigle   Autruche   Appareil   Abeille   Aimant

Boisson   Buisson   Blouson   Brosse   Boite   Bocal

    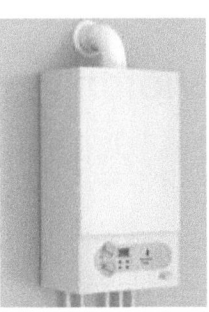

Cheval   Chalet   Chaussure   Chevalet   Chaudière   Chimpanzé

Apprendre à lire avant 6 ans, …et après !

Etagère   Escabeau   Eléphant   Engrenage   Enfant   Ecole

Jura   Jerrycan   Jaquette   Jardinier   Jus   Jacinthe

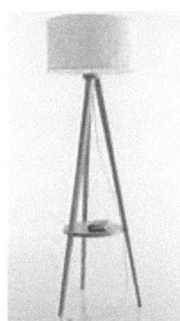    

Laine   Loupe   Libellule   Lit   Lampadaire   Lanterne

Apprendre à lire avant 6 ans, …et après !

    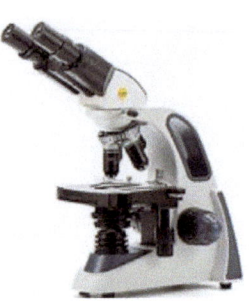

Morse   Montgolfière   Microscope   Menuisier   Marteau   Mouton

Nichoir   Navet   Nature   Navire   Navette   Nounours

Oasis   Oranger   Oignon   Oiseau   Otarie   Orage

Pigeon   **Paon**   **Parapente**   **Passagère**   **Perceuse**   **Peigne**

Renne   **Renard**   **Règle**   **Rideau**   **Relaxation**   **Randonneur**

   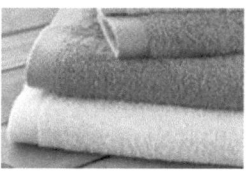

Scie   **Shampoing**   **Serviette**   **Store**   **Sécateur**   **Sceau**

Apprendre à lire avant 6 ans, ...et après !

Truelle   Tronçonneuse   Tapis   Tuyau   Tondeuse   Trampolin

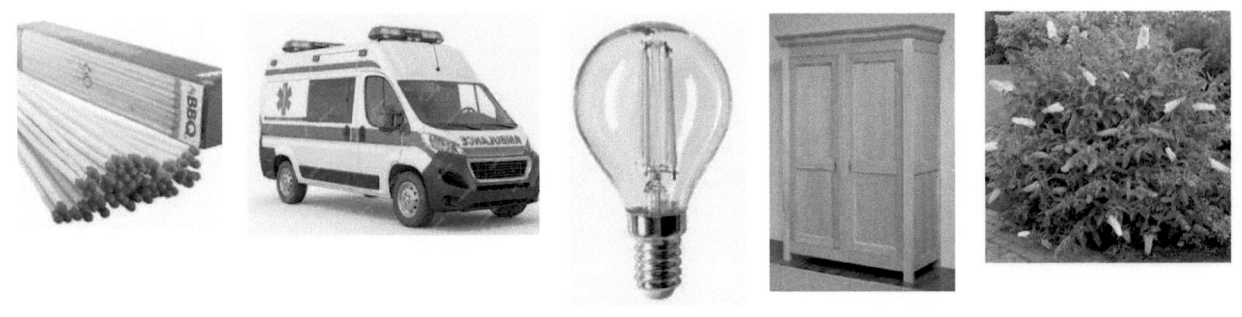

Armoire   Ampoule   Arbuste   Allumette   Ambulance   Autobus

Ballet   Bagages   Balustrade   Barbecue   Bêche   Bureau

Apprendre à lire avant 6 ans, …et après !

Chapeau   Chemise   Chalutier   Chaise   Chips   Chien

    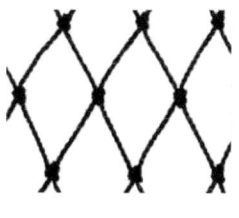

Feu   Fermier   Fumier   Filet   Faluche   Femme

Miroir   Machine   Marécage   Melon   Mouchoir   Maïs

Apprendre à lire avant 6 ans, …et après !

Plante   Porte   Popcorn   Pulvérisateur   Pyramide   Peinture

Toile   Tente   Toiture   Tube   Tongs   Trieur

Cactus   Carillon   Coquille   Croissant   Couloir   Cuisine

Apprendre à lire avant 6 ans, ...et après !

    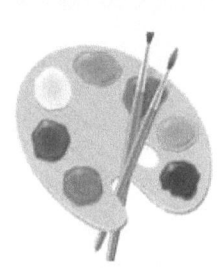

Placard   **Plombier**   **Palette**   **Phare**   **Poire**   **Poule**

Sac   **Surf**   **Soleil**   **Suricate**   **Statue**   **Stylo**

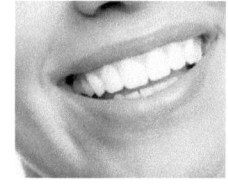  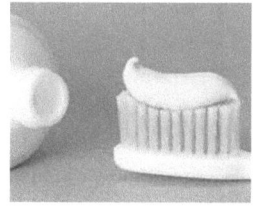 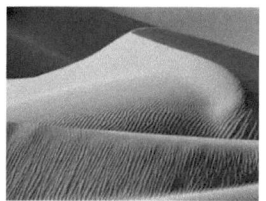 

Dame   **Dunes**   **Dentifrice**   **Dentition**   **Dromadaire**   **Dragée**

Apprendre à lire avant 6 ans, ...et après !

Gomme   Grange   Gladiateur   Gargote   Grabuge   Gala

  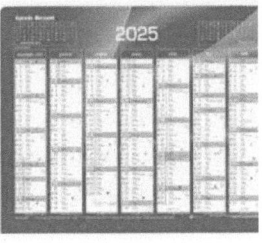  

Cigogne   Ciseau   Calendrier   Calculatrice   Caoutchouc   Cargaison

Avocate   Agrumes   Ardoise   Arbuste   Abribus   Autocar

Apprendre à lire avant 6 ans, …et après !

Canot   Cahier   Coq   Carafe   Cuillère   Café

Pataugeoire   Panier   Panda   Prune   Pont   Plan

   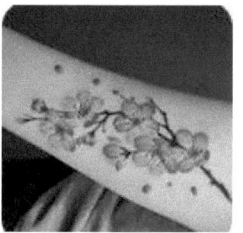 

Tourniquet   Trottoir   Tatouage   Tambour   Tamis   Tempête

Apprendre à lire avant 6 ans, …et après !

    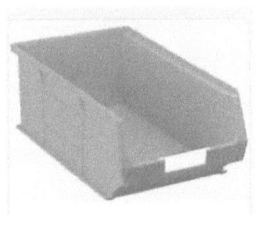

Banc   **Bac**   **But**   **Bol**   **Barrage**   **Bassin**

Course   **Cageot**   **Caisse**   **Classeur**   **Clavier**   **Cadenas**

 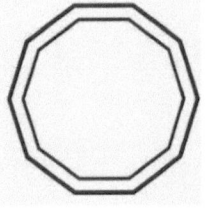   

Disque   **Dossiers**   **Dame**   **Dé**   **Décagone**   **Dragster**

Ecran **Eau** **Eolienne** **Enveloppe** **Etendard** **Eléphanteau**

Fleuve **Fève** **Fraise** **Fer** **Figue** **Faucon**

Givre **Grêle** **Gaz** **Gaspillage** **Gazelle** **Gruyère**

Apprendre à lire avant 6 ans, ...et après !

 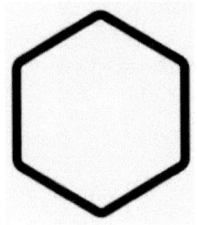   

Hôpital   Hivers   Hexagone   Hugo   Habit   Hyène

Imprimante   Interrupteur   Interdit   Iguane   Italie   Ile

  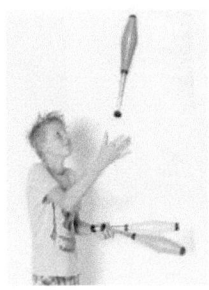  

Jumelles   Jalon   Jaguar   Jasmin   Judas   Jonglage

Apprendre à lire avant 6 ans, …et après !

Macadam   Mailles   Marécage   Marché   Miel   Macaque

Lac   Liège   Liane   Lavage   Lavande   Latte

Mer   Magasin   Magazine   Métal   Métro   Madrier

Apprendre à lire avant 6 ans, ...et après !

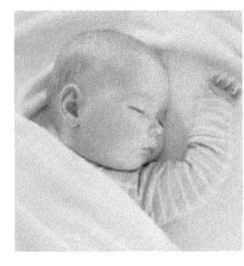    

Nucléaire   Neptune   Nuage   Nourrisson   Natation   Natte

Ordinateur   Océan   Octave   Ouvrage   Observation   Organisme

Plage   Prairie   Plastique   Papier   Prise   Panda

Apprendre à lire avant 6 ans, …et après !

Rivière **Radeau** **Rochers** **Ramette** **Raquette** **Rectangle**

  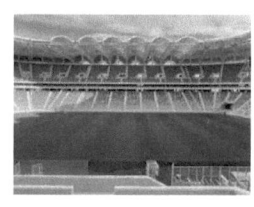  

Stade   Sacoche   Sac   Sable   Sucre   Scooter

 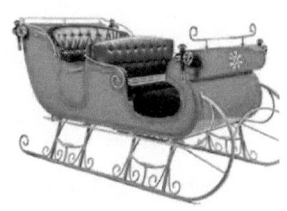   

Thé   Tableau   Travail   Tribunal   Troubadour   Traineau

Apprendre à lire avant 6 ans, …et après !

Ustensile **Usine** **Utilitaire** **Uniforme** **Univers** **Uranus**

Ventilateur **Vantail** **Verre** **Ville** **Verveine** **Véranda**

Boxe **Bouilloire** **Bain** **Brume** **Bataille** **Bouquin**

Apprendre à lire avant 6 ans, …et après !

Chèvre   Champion   Chauffeur   Chevron   Chevillette   Chenille

Cinéma   Cerise   Cerf   Canapé   Cercle   Convecteur

Bouteille   Battue   Banquise   Bêche   Bœuf   Bélier

Apprendre à lire avant 6 ans, …et après !

Revolver   **Roue**   **Ruisseau**   **Racine**   **Radio**   **Radiateur**

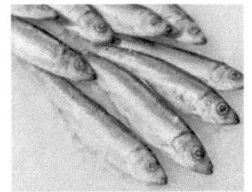    

Sportif   **Serre**   **Sofa**   **Sardine**   **Sucre**   **Ski**

Terre   **Tringle**   **Tennis**   **Textile**   **Texte**   **Théâtre**

Apprendre à lire avant 6 ans, …et après !

 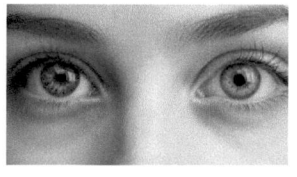   

Yeux   **Yo-yo**   **Yacht**   **Yaourt**   **Yoga**   **Yankee**

 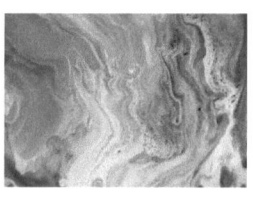   

Acrylique   **Argile**   **Amande**   **Agneau**   **Agrafe**   **Agriculteur**

Gingembre   **Gaine**   **Galet**   **Gabardine**   **Galop**   **Galeries**

Apprendre à lire avant 6 ans, ...et après !

Piments   Pluie   Pieuvre   Perroquet   Pomme   Poivron

Hérisson   Hippocampe   Hamster   Anon   Escargot   Ananas

  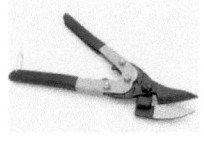  

Cisaille   Caméléon   Cannelle   Chaumières   Canari   Curcuma

Apprendre à lire avant 6 ans, ...et après !

   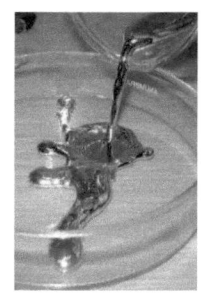 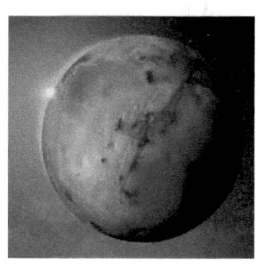

Méduse   Mercure   Mars   Mammouth   Mûre   Magicien

Baleine   Blaireau   Bananier   Brocoli   Bannière   Barrage

 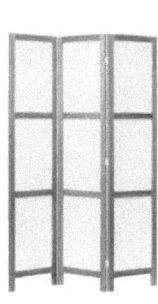   

Poids   Paquet   Poignée   Petit-pois   Pompier   Paravent

Apprendre à lire avant 6 ans, …et après !

Sapin   **Singe**   **Saumon**   **Sel**   **Salle**   **Soudage**

Tigre   **Tortue**   **Tomate**   **Tornade**   **Tourterelle**   **Thé**

Vent   **Vénus**   **Volcan**   **Valise**   **Vermicelle**   **Verdure**

Apprendre à lire avant 6 ans, …et après !

Rhinocéros   Rose   Rayon   Rustine   Ravioli   Râteau

Pompe   Pompier   Parpaing   Parking   Parfum   Portière

  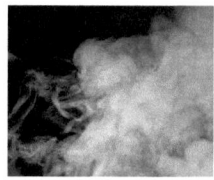  

Fumée   Girafe   Graines   Inondation   Lézard   Ail

Apprendre à lire avant 6 ans, ...et après !

Un	3	Vingt et Un	24
Deux	4	Vingt-deux	25
Trois	1	Vingt-trois	21
Quatre	2	Vingt Quatre	23
Cinq	8	Vingt Cinq	22
Six	6	Vingt Six	26
Sept	11	Vingt Sept	27
Huit	5	Vingt Huit	29
Neuf	9	Vingt Neuf	30
Dix	12	Trente	28
Onze	7	Trente Un	31
Douze	10	Trente Deux	32
Treize	13	Trente Trois	36
Quatorze	15	Trente Quatre	34
Quinze	14	Trente Cinq	38
Seize	20	Trente Six	37
Dix sept	19	Trente Sept	33
Dix huit	18	Trente Huit	40
Dix neuf	17	Trente Neuf	35
Vingt	16	Quarante	39

Apprendre à lire avant 6 ans, …et après !

- 46
- 42
- 40
- 41
- 44
- 45
- 43
- 49
- 50
- 50
- 52
- 53
- 47
- 48
- 51
- 57
- 58
- 59
- 54
- 55
- 56
- 60
- 62
- 63
- 65
- 66
- 67
- 68
- 69
- 64
- 60
- 61
- 70

- Quarante-huit
- Quarante-neuf
- Quarante-deux
- Quarante-trois
- Quarante
- Quarante-cinq
- Quarante-six
- Quarante-sept
- Cinquante
- Quarante et un
- Quarante-quatre
- Cinquante-trois
- Cinquante-quatre
- Cinquante
- Cinquante-neuf
- Cinquante-six
- Soixante-deux
- Cinquante et un
- Cinquante-huit
- Soixante-trois
- Soixante-quatre
- Cinquante-sept
- Soixante- six
- Soixante-sept
- Soixante-huit
- Soixante

- Soixante
- Soixante et un
- Cinquante-deux
- Cinquante-cinq
- Soixante-dix
- Soixante-cinq
- Soixante-neuf

Apprendre à lire avant 6 ans, ...et après !

- 70
- 71
- 72
- 73
- 74
- 75
- 76
- 77
- 78
- 79
- 80

- **Soixante-dix-sept**
- **Soixante-quinze**
- **Soixante-dix**
- **Soixante-douze**
- **Soixante-dix-huit**
- **Quatre-vingts**
- **Soixante-dix-neuf**
- **Soixante-treize**
- **Soixante-quatorze**
- **Soixante et onze**
- **Soixante-seize**

- 80
- 81
- 82
- 83
- 84
- 85
- 86
- 87
- 88
- 89
- 90

- **Quatre-vingt-six**
- **Quatre-vingt-un**
- **Quatre-vingt-huit**
- **Quatre-vingt-neuf**
- **Quatre-vingt-trois**
- **Quatre-vingts**
- **Quatre-vingt-quatre**
- **Quatre-vingt-cinq**
- **Quatre-vingt-sept**
- **Quatre-vingt-dix**
- **Quatre-vingt-deux**

- 90
- 91
- 92
- 93
- 94
- 95
- 96
- 97
- 98
- 99
- 100

- **Quatre-vingt-dix**
- **Quatre-vingt-treize**
- **Cent**
- **Quatre-vingt-dix-neuf**
- **Quatre-vingt-dix-huit**
- **Quatre-vingt-quatorze**
- **Quatre-vingt-onze**
- **Quatre-vingt-douze**
- **Quatre-vingt-seize**
- **Quatre-vingt-dix-sept**
- **Quatre-vingt-quinze**

Apprendre à lire avant 6 ans, …et après !

Quarante-cinq-mille-sept-cent-quarante-deux	199
Cinquante-cinq mille-sept-cent-quatre-vingt	45742
Trois-cent- quatre-vingt-dix-neuf	399
Cent-quatre-vingt-dix-neuf	55780
Deux-cent-mille	201
Dix-mille-cinq	200 000
Deux-cent-un	400 000 000
Deux-cents	200 000 000
Quatre-mille	2 000 000 000
Deux milliards	3250
Deux-cents millions	2005
Quatre-cents millions	200
Trois-mille-deux-cents cinquante	4000

Mots composés

re avant 6 ans, …et après !

Café maure

Pomme de terre

Pompe à essence

Arc en ciel

Machine à vapeur

Chien de traineau

Machine outil

Chef d'œuvre

Chien de garde

Taille crayon

Salon de thé

Salon de coiffure

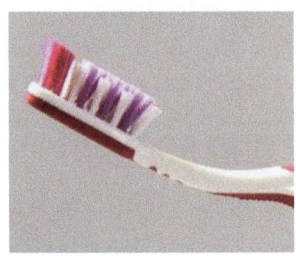

Champ de Mars

Champ de blé

Champs-Elysées

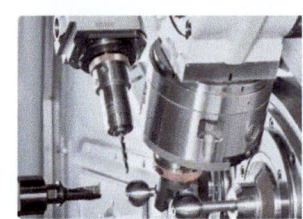

Brosse métallique

Brosse à dent

Apprendre à lire avant 6 ans, …et après !

Fil à plomb

Fil dentaire

Arrache clou

Arachide

Pointerolle

Cintre de Construction

Gaufrette

Coffrage

Chauffage

Echafaudage

Massette

Taloche

Niveau à bulle

Racloir à béton

Pince à ferrailler

Mètre ruban

Grue de chantier

Camion malaxeur

Bétonnière

Tyrolienne

Tir à l'arc

Rouleau compresseur

Mini pelleteuse

Apprendre à lire avant 6 ans, …et après !

Train à grande vitesse

Motocyclette

Métro

Mitraille

Téléphérique

Téléphone

1ère montgolfière 1783.

Voiture Electrique

Segway

Remorqueur

Marqueur

Avion de chasse

Avion cargo

Biplan

Avion supersonique

Drone

Charrette

Galère à voile et rame

Monoplan

Tandem

Carrosse

Funiculaire

Fumigène

58

Apprendre à lire avant 6 ans, …et après !

Pythagore

Pirogue

Diligence

Draisienne 1818

Carrosse

Piscine

Péniche

Vélo course, 1960

Traversier

Grand Bi, 1870

Delphine

Deltaplane

Quad

Canoë Kayak

Vaisseau Spatial

Vaisselle spéciale

Jet –ski

Jet-Lee

Planeur

Plaquette

Planche à voile

Skateboard

Scoubidou

Apprendre à lire avant 6 ans, ...et après !